Geistesblitze

Gedichtesammlung

GEISTESBLITZE

O, Mensch – Du bist von Licht gebor'n
bist vom Licht zum Licht auserkor'n
und Dein Licht ist – in freier Wahl –
Dir selbst zur Freude oder Qual.

Dieter Picklapp

Gedichte und Texte von Dieter Picklapp
Dezember 2012.

Diese inspirierten Texte sind mit einem Schmunzeln zu lesen und sollen die Bewußtseinsentwicklung zum Fühlen und Denken anregen.

Herstellung und Verlag:
BoD - Books on Demand, Norderstedt
-SBN 978-3-7392-0797-1

Gewidmet sei dies Buch all den'n,
die meinten mich nicht zu versteh'n
Denn wär' Verständnis gleich geblieben,
dann wär' nicht dieses Buch geschrieben.

So dank ich allen, die mich mieden,
dadurch war mir die Zeit geblieben,
zu schreiben, was ich nachgedacht.
Für SIE hab' ich dies Buch gemacht

Coverbild:
Supernova Dust Factory in M74
Alle Rechte bei: NASA, JPL
Mission: Spitzer Space Telescope
ID: PIA08533
3. überarbeitete Auflage

O Herr, ...

Dein ist Gerechtigkeit.
Ja, alle Macht und Herrlichkeit
sind Dein, O Herr, im Königreich.
Die Kraft in Deinen Händen
wird bald das Werk vollenden,
wenn Du erscheinst im Königreich.

O Herr, Dein Werk ist Segen!
Dein Wort erst lässt uns leben
als Volk in Deinem Königreich.
Im Himmel wie auf Erden,
gepriesen soll es werden,
zum Sieg in Deinem Königreich.

O Herr, wir dankend loben,
dass Du uns hast erhoben,
zum Glauben an Dein Königreich.
In Jusu Christi Namen –
amen.

Inhaltsverzeichnis

O, Mensch – Du bist von Licht gebor'n 3
Widmung 5
O Herr, ... 6

Inhaltsverzeichnis   **7**

PROLOG   **11**
Ein Stein wird erst zum Diamant 12

1   DES LEBENS SINN   **13**
Zufriedenheit auf Lob basiert 13
Die Uhr war zwölf 14
Die Seins-Frage 14
Wortwahl zwischen Hass und Liebe 15
Des Lebens Lauf 16
Das ewige Jetzt 16
Der Sinne Sinn 16
Lebenswunsch 17

2   RECHT & FREIHEIT   **19**
Der Bläser 19
Vorurteil 19
Freiheit 19
Liebe Deinen Nächsten wie dich selbst 20
Ungehorsam ist die Jugend 20
Staats – Gewalt 21

3   REICHTUM   **23**
Reichtum 23

Der Egoist	24
Die Masse Mensch	24
Im Alleingang	24
Der Durchschnittsmensch	25
Menschlichkeit	26
Wandel der Einstellung	27
Wer rastet – rostet	27
Hast	28
Demnächst (Ungeduld)	28
Herzensbildung	29

4	**MENSCHLICHE SCHWÄCHEN**	**31**
	Erziehung	31
	Sucht	31
	Phraseologen	33
	Klein – Möchtegern	33
	Der subjektive Wille	33
	Geduld ist mit Verständnis gleich	34
	Der Konsument	34
	Auf Zungen die empören	35
	Hochmut	36
	Der Dünkel	36
	Klischee-Gezogen	37
	Einst entschied sich	37
	Stadtflucht	38
	Der Streber	39
	Abschleifen	39

5	**AUTOFAHRER**	**41**
	Der Eilige	41
	Und nun gib Gas	42

6	**ALKOHOL**	**45**
	Beschaulich	45
	Der Säufer	45

7 MENSCHENKENNTNIS   47
Minenspiel 47
Menschenkenntnis 48
Gaaanz wichtig 48

8 HUMOR   51
Humor ist nämlich: 51
Rückblick 51
Der gewitzte Bäcker 51

9 DIE WELT und DAS ALL   53
Im Anfang war der Wasserstoff 53
Jahreswende 55
Das Wasser 56
Das euklidische Weltbild –
  oder die fünf Dimensionen 56
Das Weltbild 58
Der Zeitablauf 59
Die Zeit 61
Paradiesische Zeit 61
Die letzte Jahrtausendwende 62
„Kosmischer Frühling" 63
Das Wetter 63

10 MUSIK   65
Der Ton … 65
Das Crescendo – Der Schlussakkord 65
Ein Hohlraum ist die Seele 66

11 DER GLAUBE   67
Mein Glaube an Gerechtigkeit 67
Der Glaube 68
Empfindung 68
Die Prüfung 68
Du Adam sollst auf Erden 69

Das Leben 70
Gott lenkt 70
Adam stammt aus Gottes Sippe 70
Ob Muselmann, ob Jud' ob Christ 71
Kein Freifahrtsschein ins Himmelreich 71
Die Frucht des Lebens 72
Lebens – Qualität 73
Demut 74

12 LIEBE 75
Das Rätsel 75
Fragend sind Augen offen 75
Gedanken 76
Das Denken, Handeln und Erleben 76
In Deinen Augen steht geschrieben 76
Es achte das Weib, wenn es sich bemannt 76
Und wo sich Hände liebend regen 76
Tun und Lassen 77
Erst harte Arbeit bringt den Wert 77
Neutralität 78
Polterabend 78
Der Bund der Ehe 79
Dem Brautpaar 80
Hochzeit 80
Das fehlende Stück 81

13 DER HERR HAT ISRAEL ERLÖST 83
O Herr, Dein Werk ist Segen. 84
So sage ich nochmal zum Gruß 84

14 MEINE DANKSAGUNG 85

PROLOG

1971 veranlasste mich ein Burnout, eine andere Einstellung zum Leben zu finden. Mir wurde dazu der Hauptteil dieser Gedichte in einem Zeitraum von rund fünf Jahren auf geistigem Wege zur Belehrung gegeben. Ich hatte Freude gefunden an der sich überraschend einstellenden Dichtkunst, die ich mit meinem Brunnenwasser im Kurpark entdeckte, vorher aber nicht im Geringsten in mir vermutete. Um nun diese im Geiste auftauchenden Zeilen sofort niederschreiben zu können, trug ich stets Schreibzeug bei mir.
Was mir jedoch besonders auffiel war, dass die Zeilen in meinem Kopf bereits vorhanden waren, ohne dass ich über das Thema nachdachte. Auch konnte ich vorher nie ahnen wie die Verse enden würden, was mich dazu brachte, eine geistige Führung dahinter zu erkennen. Aber immer endete es auf eine Weise, wie ich es in mir mit Freude fühlte, etwas gegen die negative Situation tun zu sollen. Wenn ich gefragt werde wie ich die Gedichte schreibe, antworte ich: "Das sind ...

GEISTESBLITZE

    Da sitz ich dann und meditiere –
    Gedankensplitter komm' und geh'n –
    bis ich allmählich ganz verliere,
    den Reiz der Umwelt und Ideen.

    Nur ein Gedanke – noch verdunkelt –
    nimmt jetzt Gestalt an und erhellt,
    bis alle Finsternis durchfunkelt
    und auch der letzte Schleier fällt.

Sechs Wochen zur Kur aus allen Verpflichtungen entlassen, Frischluft tanken, Freiheit und "Freude am Schreiben". Viel Zeit blieb mir zum Nachdenken, wobei mir klar wurde, dass ich neue Entscheidungen zu fällen hatte. Ich horchte nach innen - auf das, was aus meinem Herzen aufstieg.

Daraufhin lernte ich 1974 – noch während dieser geistigen "Belehrungen in Gedichtform" – die "Kirche Jesu Christi der Heiligen der Letzten Tage" kennen und da mich ihre Lehren bis ins Innerste trafen und mir auf geistigem Wege die Wahrheit bezeugten, schloss ich mich der Kirche an

Nach den Ordinierungen zum Priestertum öffneten sich meinem geistigen Auge neue Perspektiven. Mir wurden Dinge sichtbar, die ich vorher nicht sah. Alles zusammengenommen war es DAS, was die Liebe unter den Menschen ausmacht. Es war das Leben, der sichtbar gewordene Segen Gottes für die Menschheit und ich durfte teilnehmen diesen Segen zu vermehren.

Mein Herz und Geist weiteten sich und liefen über in der Freude die Richtlinien und neuen Wertbegriffe des Lebens in mir aufzunehmen und ich lernte, dass es Dinge zwischen Himmel und Erde gibt, die getan werden müssen um die Art des ewigen Lebens bereits hier in der Sterblichkeit vorzubereiten. Dieses Leben ist die Zeit zur Vorbereitung, Gott zu begegnen. Ich hoffe – mit all meinen Schwächen – dieses getan zu haben und auf diese Weise noch heute dem Herrn zu dienen.

> **Ein Stein wird erst zum Diamant,**
> wenn er die Zeit im Druck bestand.
> Der Diamant jedoch: "Im Schliff
> erhält er erst den Wertbegriff."

Anfügen möchte ich noch – falls sich jemand von den Aussagen angesprochen fühlen sollte – dass diese Verse alle mir selber galten. Aber vielleicht kann der eine oder andere tatsächlich etwas damit anfangen.

Hamburg, im Dezember 2012
Dieter Picklapp

1 DES LEBENS SINN

Dichtung und Wahrheit liegen nahe beieinander. Oftmals ist zwischen den Zeilen mehr ausgedrückt, als in den Zeilen geschrieben steht – Gedichte sind ganz flüchtige Gebilde. Sie sind wie Schneeflocken – man kann sie nicht greifen, dann lösen sie sich auf. Oder sie sind wie die Fallschirme der Pusteblumen. Man sieht sie, doch wenn man nach ihnen greift, weichen sie aus. Landen sie aber auf der Haut – dann können sie eine Gänsehaut verursachen. Gedichte sind ähnlich: Man kann sie nicht alle fassen – nicht alle hören – nicht alle verstehen – aber einige können auf der Haut landen und ein Kribbeln verursachen – oder aber das Zwerchfell reizen.

Ich fragte nach des Lebens Sinn
und fragte mich: "Wer ich wohl bin?"
Der Sinn ward mir von Gott gegeben,
den Zweck erst bringe ich ins Leben.

So richte ich mein Leben ein,
um sinnvoll auf der Welt zu sein
und meinen Zweck nicht übertreib,
und dadurch "sinnvoll" zweckfrei bleib.

* * *

Zufriedenheit auf Lob basiert
zu viel gelobt jedoch blasiert.

Ich war damals selbständiger Handwerksmeister und hatte Zeiten in denen ich morgens um halb fünf aufstand und meine Arbeiten begann - und teils konnte ich abends nicht einschlafen. Dabei ist folgendes entstanden:

Die Uhr war zwölf ...

Die Uhr war zwölf und ich noch munter –
was sicher mal vorkommt mitunter. –
Mit allen Fasern meines Körpers
wollte ich schlafen, doch ich hört' es
in mir rumoren und ich horchte
in mich hinein und ich mir borgte
viel fromme Worte aus der Bibel –
faltete Hände zu 'nem Giebel,
erbat inständig die Vergebung
und um Erfüllung und um Segnung
**der großen Wünsche, die ich habe,
zum "Glücklich werden" alle Tage.**

* * *

Die Seins-Frage

Kombiniere, denk und strebe,
Geist zum Ideal erhebe –
Vollbewusstsein eines jeden
Menschen ist das Ziel im Leben.

**Wer sich sucht, der trachte innen
Klarheit in sich zu gewinnen.
Er fände sich mit Gott dort EINS,
das löste Frage ihm des "SEINS".**

Worte können aufbauen oder zerstören, sie können verletzen oder heilen, sie können Seelen niedermachen, oder sie können Hoffnung und Liebe wecken und Seelen aufbauen.

Wortwahl zwischen Hass und Liebe

wissen Sie, ...
... "Liebe" – als Wort – zuerst erklang,
da ward der Mensch – (im Affenrang) –
verwiesen auf den runden blauen
Planeten sich die Heimat bauen.

Doch als der Mensch war dann allein,
da fielen ihm noch Worte ein,
die auszusprechen er nicht wagte,
da ihm der Vater sie versagte.

Er liebte – und gewann den Mut –
zu mehren sich (und Wortschatz) gut,
nun alle Wortschatzurwald-Triebe
sind Ausdruck zwischen Hass und Liebe.

* * *

Des Lebens Lauf

Das Leben ist so schön,
wenn wir's nicht tragisch machen
und ganz genau beseh'n
ist es sogar zum Lachen.

Glaubt man es geht links herum,
kommt bestimmt 'ne Wende,
geht man dann nach rechts drum'rum
bis zum nächsten Ende:

Hier ist das Problem schon wieder,
geht der Weg nach rechts? – nach links?
Bis das Schicksalsbeil fällt nieder,
du zur nächsten Ecke hinkst.

Das Links und Rechts und Rauf und Runter
hält die Menschen sehr in Trab,
solange sie noch jung und munter,
manche sogar bis ins Grab.

* * *

Das ewige Jetzt

Vergangenheit erscheint als Traum,
die Gegenwart – gewärtig kaum –
verlangt nach Zukunft, die noch weit,
ein Zipfel der Unendlichkeit.

Doch ist die Zukunft noch so fern,
die Gegenwart erstrahlt zum Stern,
wenn Zukunft **UND** Vergangenheit,
verbinden **JETZT** zur Ewigkeit.

Der Sinne Sinn

Die Jugend berauscht sich am Sinnengewirr
und opfert im Taumel die Säfte,
verliert so lebendige Kräfte.
Mit Sinnen auf Erden zum Lernen sind wir.

Gebändigte Sinne in klarem Verstand,
gebraucht sie mit gütigem Herzen,
verwildert sie bringen nur Schmerzen.
Nur sinnliche Reife hat festen Bestand.!
Sich jede Stunde des Lebens erfülle,
im Alter bleibt nur noch das Denken:
Das Leben sei nicht zu verschenken. –
Zurück bleibt sonst nur die hungrige Stille.

* * *

Lebenswunsch

Der Mensch nimmt mit den Sinnen wahr
und sinnlich ist auch wie er denkt.
Das Denken macht den Wunsch erst klar,
worauf er dann sein Leben lenkt.

Es ist des Wunsches Eigenglanz,
von dem er sich oft täuschen lässt.
Ein Wunsch befriedigt sich nie ganz,
für weitere bleibt stets ein Rest.

Verzicht des Kleinen gibt uns Kraft,
ein großer dafür fordert UNS –
solang noch Sehnsucht in uns schafft,
Befriedigung bleibt Lebenswunsch.

* * *

2 RECHT & FREIHEIT

Der Bläser

Da meint wer mal im Recht zu sein
und kräftig bläst ins Horn hinein.
und ist verdattert, wenn er merkt,
dass dieser Ton war doch verkehrt.

Schräg der Ton kam für die Hörer,
nun stempeln sie ihn ab als Störer.

**Denk daran – bevor Du „tutest"–
was Du anderen zumutest.**

* * *

Vorurteil

Jemand sagt mit Überzeugung
laut und deutlich seine Meinung.
Ein andrer, der sie von ihm hört,
in gleichen Tönen mit ihm schwört,
verfällt ins Urteil bereits fest,
ohne zu wissen von dem Rest.
So glaubt er, was gehört sei echt,
es wiedergeben sei sein Recht.

**nun posaunt mit lauter Klarheit
weit hinaus er halbe Wahrheit.**

* * *

Freiheit

In tiefem Groll der Mensch beklagt,
das ihm die Freiheit wohl versagt
und sträubt sich der Abhängigkeit
und fällt dabei in Einsamkeit

In Einsamkeit bleibt ihm verwehrt,
die Zweisamkeit die er begehrt
und pendelt zwischen Herr und Knecht
und keine Freiheit ist ihm recht.

**Abhängig ist der Mensch vom Leben,
Freiheit kann der Geist nur geben.
So zähmt der Geist den Körper sich
und lebt im Geiste freiheitlich.**

* * *

Liebe Deinen Nächsten wie dich selbst

Mit gutem Vorsatz einer schreit:
"Die Menschheit will Gerechtigkeit!" –
Die Worte schmettern wohl-gesetzt
bis die Gemüter aufgehetzt.

Gerechtigkeit fordert jeder.
Wer ist der gerechte Geber?
**Es gäbe nicht so viel Trara,
wär' jeder – STILL – für andre da.**

* * *

Ungehorsam ist die Jugend,
Gehorsam jedoch reine Tugend

* * *

Der Freistaat Bayern hat sich ja als Bundesland sehr erfolgreich sauber erwiesen. Die Kriminalität ist auf dem niedrigsten Stand in der Bundesrepublik. Da müssen wir als Hamburger doch tatsächlich einen Polizeichef aus Bayern nach Hamburg holen um hier bei uns aufzuräumen. Aber inzwischen haben die das auch schon ganz gut im Griff und zwar durch:

Staats – Gewalt

jedenfalls
wir leben heute völlig sicher –
geregelt nach Gesetzesbücher.
Nur ab und zu ist diese Regel
gestört noch von Gesetzesflegel.

Sie lassen sich durch Ruhe reizen,
um Bürgern darauf einzuheizen
und erst ermahnt an jene Regeln,
moralisch sich auf's neue flegeln.

Je mehr Gesetz der Mensch geschrieben,
so mehr muss er die Menschen sieben.
Ein grobes Sieb – so ist die Regel –
lässt durch auch noch den größten Flegel.

Die Quantität des Volkes Massen,
durchschlüpft so des Gesetzes Maschen.
Doch wie das Sieb, sind auch die Regeln,
durchsetzt noch von Gesetzesflegeln.

Sehr oft ist auch im Staat das Gleiche –
das Gleiche sucht sich stets das Gleiche. –
Auch diese Regel regelt Regeln,
dass Flegel bei uns Flegel flegeln.

* * *

3 REICHTUM

Wir Menschen sind in diese Welt gekommen, um uns mit der Materie auseinander zu setzen und daran zu lernen. Wir arbeiten um unser täglich Brot, wir bauen unsere Heime, wir verteidigen unsere Familien und sind unser Leben lang sehr darauf bedacht an allen Fronten zu kämpfen und wenn es nichts mehr zu kämpfen gibt, dann wollen wir es uns in allem so angenehm wie möglich machen und feiern. Ja – Reichtum ist sehr erstrebenswert – Ein Slogan lautet:

> Denk in Klarheit an das Ziel:
> Erst die Arbeit – dann das Spiel.

ist das aber auch wirklich alles?

Reichtum

> Dem Mensch verlangt nach Reichtum sehr,
> doch reicht sein Tun dafür nicht her,
> so martert er Gehirn und Geist,
> bis die Geduld – im Alter – reißt.
>
> Bis dann jedoch – er rackert, rafft,
> er hat den Zipfel, glaubt er schafft
> es doch noch – zu seinem Reichtum. –
> Er schaffte es – bis zum Weistum.
>
> Ihm der Sinn am Äußer'n klebte –
> als er noch auf Erden lebte. –
> **Jetzt er weiß: Er sollt' gewinnen,
> die Einsicht, dass Reichtum innen.**
>
> * * *

Das Folgende dürfte allen der Nachkriegsgeneration – schon einmal durch den Kopf gegangen sein, denn...

Der Egoist

Ein Egoist voll Hochmut bellt,
er sei allein auf dieser Welt,
da sei's nicht mehr als nur gerecht,
dass er dabei an sich nur dächt'.

Nur eines hat er nicht bedacht,
für alle ist die Welt gemacht:
"An dich denk erst" – so lernt ein Kind –
"wenn andre nicht geschädigt sind!"

* * *

Die Masse Mensch

Die Masse Mensch walzt sich dahin,
doch in der Masse bleib nicht drin,
von oben her wird sie regiert,
von Einzelnen manipuliert.

Wer da im Geist **der** Masse schwimmt,
kein Risiko entgegen nimmt,
der treibt ruhig und schwimmt leicht,
sein Lebensende auch erreicht.

**Doch lebenswert und interessant –
das Leben wird erst dem brisant
der geistig rege und bedacht
den Lauf des Lebens selber macht.**

* * *

Im Alleingang

Wenn schon mal einer denkt er denkt,
dass selbst er seine Schritte lenkt
und sich sagt: "Ich mich nicht kümmer,
um andre Leut', die sind dümmer", –
dann geht er schnurstracks g'radeaus
und lässt die andern hinten aus.

Und ist er endlich angelangt,
wonach es hatte ihn verlangt,
dann ruht er aus und denkt erneut:
"Ich bin allein – ich brauch die Leut'."

* * *

Der Durchschnittsmensch

Fast ist der Mensch ein Denkgenie -
so denkt er nur, doch denkt fast nie -
denken tun die großen Asse,
kleine bleiben in der Masse.

Die allermeiste Zeit gibt er
sich - (handelnd) - für die Denker her
und ist am Schluß noch überzeugt,
dass dies (das Werk) von ihm gezeugt.

So baut sich jeder seine Welt,
ist stolz erfüllt, solang sie hält,
und denkt von sich er "denkt" und "will",
doch in ihm selber ist es still

* * *

Immer wieder kommt es vor, dass man auf Grund von zu großem Vertrauen zu Fremden von ihnen betrogen wird, oder dass von ihnen sogar kleinste Beschädigungen hochgespielt werden, um daraus kräftige Zahlungen zu erwarten. Wenn man sich nicht selbst fest einmauert kann man dabei sehr verletzt werden. Es steht bereits in der Bibel "In den letzten Tagen werden die Herzen erkalten"

Menschlichkeit

Ein Jemand steht im Leben fest
auf beiden Beinen und er lässt
nichts aus den Augen und er lauert,
wo andre noch nicht eingemauert.

Im Allgemeinen hilfsbereit –
beim eignen Vorteil ist's soweit,
dass dieser Jemand – gierig witternd –
vorm inn'ren Tier steht machtlos zitternd.

Menschlich nennt man den der lernte
und sich so vom Tier entfernte.
Wer sich entwickelte und mühte,
wer sich verwirklichte die Güte.

* * *

Wandel der Einstellung

Im Jugendeifer schafft man viel –
vorausgesetzt man hat ein Ziel
und ist es dann einmal erreicht,
so war es doch nicht ganz so leicht.

Denn Jahr um Jahr verschwand bis jetzt –
man hat sich stets nur abgehetzt –
nun denkt man mit einmal zurück:
Wo ist die Zeit – wo ist das Glück.

Es verging der Übereifer –
man denkt nun mehr und wird reifer –
die Jugend protzt mit Muskelkraft –
je älter, man's mit "Denken" schafft.
* * *

Wer rastet – rostet

Faul ist man von Natur
sitzt zu Hause nur.
Nicht die Arbeit kostet. –

Wer rastet – rostet!

Harrend nur – ohne Schwung,
sitzt man auf sein'm Dung.
Man wird matschig – mostet. –

Wer rastet – rostet!

Zur Tätigkeit man neigt,
wenn sich Arbeit zeigt.
Das Leben viel kostet.

Wer rastet – rostet!
* * *

Hast

Geplagter Mensch und überlastet,
von ein'm Termin zum andern hastet.

Da fragt man sich: "Wer jagt hier wen?"
"Jagt er die Zeit? – Die Zeit jagt ihn!"

* * *

Der Mensch ist immer so hin und her gerissen zwischen dem was er soll – was er darf – was er kann – UND DEM – was seine Seele ihm rät zu tun. Dafür aber hat er die Entscheidungsfreiheit bekommen - doch immer wieder treibt ihn Rastlosigkeit in die Zukunft.

Demnächst (Ungeduld)

Der Begriff "Demnächst" ist weit
in Bezug zur Ewigkeit.
Wer ihn benutzt sollt' vorher wissen,
dass man – demnächst – wird ihn vermissen.

Zur Blüte bringt die Phantasie,
was wartet in der Fern' auf sie.
So jedes Leben einmal lernte:
Am meisten liebt es das Entfernte.

Rechterweise liegt die Schuld
in der eig'nen Ungeduld.
**Da wird geduldig der, der lerne,
zu leben jetzt – nicht in der Ferne.**

* * *

Trägheit bringt nichts Gutes und soll uns fremd sein. Es heißt, wer ewiges Leben hat ist reich[1].
Wir finden uns auf der Erde als Gemeinschaft zusammen, um miteinander unsere Seelen auszubilden. Wir wollen bessere Menschen werden und trachten danach zu lernen wie wir unsere Herzensbildung vervollkommnen, um Gott näher zu kommen.

Ob geistig oder körperlich
die Strebsamkeit ist förderlich

und mit der Hände Arbeit legen
wir den Grundsatz für den Segen.

* * *

Herzensbildung

Ereignisreich ist jeder Tag,
ein jeder sieht ihn wie er mag,
er lernt – lernt nicht – ganz wie er kann,
und demnach kommt er auch voran.
Doch sitzt er nur, beklaget sich,
dass dieser Tag sich lohnte nich', –
und fordert nur wie's könnte sein,
würd fleißig arbeitend er sein –

dem sei gesagt, was allen gleich,
nur Herzensbildung macht uns reich.

* * *

---

[1] Lehre und Bündnisse (6:7) `http://lds.org/scriptures`

4 MENSCHLICHE SCHWÄCHEN

Sind uns allen nur zu gut bekannt. Haben wir doch alle damit zu kämpfen, so zum Beispiel in der...

Erziehung

> Es wird – ganz allgemein – geklagt,
> dass die Erziehung meist versagt
> und die angebor'nen Nücken
> auszutreiben will nicht glücken.
>
> Manch Talent, das noch am Zügel,
> von den Eltern erntet Prügel,
> auf dass es niemals je vergisst,
> dass Anderssein nur strafbar ist.
>
> Nur all zu oft ist da die Front
> der elterliche Horizont
> und so züchten die Psychosen
> sich auf's Neue hier Neurosen.
>
> **Die Problematik liegt allein**
> **im tadellosen Vorbild sein.**
> **Die Eltern ziehen auf das Kind –**
> **und wer erzieht, was Eltern sind?**
>
> * * *

Sucht

Ein Jugendlicher mal vergisst,
dass "Mensch sein" was besond'res ist
und tauscht in seines Irrtums Trug
die Seele für 'nen Höhenflug.

Die Sinne haben sich belebt,
die Transparenz wird angestrebt.
So intensiv in der Struktur
die prachtvoll leuchtende Natur.

Dann – ausgebrannt und unbeseelt –
hat dieser Geist sein Ziel verfehlt.
Es ist so traurig zuzuseh'n,
wie Menschen langsam untergeh'n.

Derselbe Mensch hat noch erkannt,
dass seine Seele er verbannt,
versucht sie nun mit letzter Kraft
zurückzuhol'n. – Ob er es schafft?

Ein Zweikampf ist dabei entfacht
in Agonie des Rausches Macht.
Entbehrung macht den Körper krank
verlangend nach dem Rauschzustand.

Er holt sie ein! – Er schafft es doch –
sich abzuwerfen dieses Joch. –
Freudig staunend sieht man werden,
ein Mensch wird wieder Mensch auf Erden!

* * *

Phraseologen

Um höflich zu erscheinen blasen
die meisten Menschen nur noch Phrasen.
Damit beginnt an jedem Wesen
die Phrase ihn zurecht zu fräsen.
Bis Phraseologie ihn hält gepackt –
die Persönlichkeit zusammensackt.
Dann bläst auch er, was andre blasen,
den Rest des Lebens nur noch Phrasen.

* * *

Klein – Möchtegern

Ein Jemand, steif bis ins Genick,
sieht starr nach innen, Stolz im Blick,
und wundert sich, dass niemand weiß,
dass er: "Der Schöpfung Krone" – heißt.
Das Universum blieb einst steh'n,
als Gott ihn schuf, die Welt zu seh'n.
So glaubt von sich der Mensch er sei
im Schöpfungsakt das Gottes-Ei.
'nen Sockel hat er sich gebaut,
sich d'raufgestellt und hoch das Haupt!

Oh weh – wie ist "Klein-Möchtegern"
den andern Menschen doch so fern.
Sein Standbild ragt zum Himmel rein,
sein Geist – daneben – blieb ihm klein.

So steht er nun wie ein Gockel
nur als Hohlkopf auf dem Sockel.

* * *

Der subjektive Wille

Die Straßenecke ist belebt
und ein Passant zum Kiosk strebt.
Er schaut und sucht – nicht all zu weit–
wohin er blickt ist Weiblichkeit.
Objekt bezogen sei sein Blick,
so will's der Zeitschriftwerbung Trick.
Sein Ausdruck wird ganz blümerant,
bei dem was da von Blättern prangt.
Feuchte, transparente Blusen
zeigen wohl gerundet Busen.
Sein Finger blättert's Heft mal um,
sein Auge dreht sich einmal rum,
vergegenwärtigt sich die Form –
sein Kreislauf funktioniert enorm –
sein Subjekt keucht und lüstern steigt
das Blut, bis es den Kopf erreicht,
die Lunge schreit nach Nikotin,
bald glüht auch dieser Stengel ihm
und kribbel-krabbel macht's im Bauch
und diese Zeitschrift kauft er auch.

Nun – dieses eine Beispiel zeigt,
wie weit des Menschen Wille reicht,
solang das Subjekt in ihm wach –
nur – subjektiv – ist Wille schwach.

* * *

Geduld ist mit Verständnis gleich
zu setzen mit der Seele Reich,
dem Innern und seiner Fülle,
der ausgefüllten Stille.

* * *

Der Konsument

Wer Geld hat schaut auf Qualität. –
der kleine Mann dies auch wohl tät,
hätt' er dafür mehr Geld und Ruh,
doch offensichtlich fehlt's dazu.

Dann würd' er kaufen noch und noch,
sein Portemonnaie bekäm' ein Loch –
ein Haus, ein Auto und ein Kleid,
der Nachbar platzt schon bald vor Neid.

Durch Überstunden würd' der Mann,
nach Hause schleppen was er kann
und schichten auf – was er so bringt –
all' das, was andern Neid abringt.

Bis zu den gezählten Tagen,
rackern würd' er sich und plagen,
doch wiese er es von sich weit,
es zu bezeichnen "Arbeitszeit" .

Den "Stil der Zeit" hat er's getauft,
was er sich für sein Geld gekauft –
und wüßt' am Schluss doch nicht wofür.
Dann kommt das Ende: Zu die Tür! –

Zuviel des Stils ist doch gequält,
besonders wo die Zeit gezählt,
die einem Menschen noch verbleibt,
darin als angenehm vertreibt.

* * *

Auf Zungen die empören
soll man nicht länger hören.

* * *

Hochmut

Da fällt wer auf, er spricht sehr groß,
als jeder wär' für ihn da bloß,
er spricht sehr laut, hält sich für klug,
die andern dafür nicht genug
und überzeugt, dass dies – (sein Holz) –
besondres ist, das macht ihn stolz.

Doch klopft man an, dann klingt es hohl –
das macht der leere Kopf dann wohl. –

**Gering schätz nie den Andern ein,
denn vorher musst DU besser sein.**

* * *

Der Dünkel

Mit Lederjacke, off'nem Hemd,
gewaschen frisch, doch ungekämmt,
Glieder lang wie eine Spinne,
furchtbar laut in seiner Stimme,
alles an ihm ist gehässig,
gebend sich als sei er lässig,
in einer Wolke Duft er schwebt
und so er auch die Nase hebt:

Dieser Mensch muss doch mal spüren,
dass die kotzigen Allüren,
die er so laufend von sich gibt,
im Algemeinen unbeliebt.

* * *

Klischee-Gezogen

Solang' der Mensch ist jung er hört
auf andere, was diese stört
und tut was man ihm sagt sei recht,
auch wenn es für ihn noch so schlecht:

"Hier musst Du noch mehr denken bei."
"Dies besser noch genauer sei."
"Korrekter sei dies soundso
und jenes besser anderswo."

"Sei dankbar, was man Dir hier sagt,
bekommst Du alles ungefragt!"
Man erntet, was man nicht gesät,
Verhaltensregeln früh bis spät.

Wer nicht den eig'nen Kopf benutzt,
der wird hiervon Begriffs gestutzt
und passt bald ins Klischee hinein.
Für manchen ist es nur zu klein.

* * *

Einst entschied sich – (zu entscheiden,
Gott auf Erden treu zu bleiben) –
der Mensch sich für des Himmels Schwelle
und stand auf Erden in der Hölle.

* * *

Als Stadtbewohner hat man schon zeitweilig den Wunsch doch lieber erdverbundener auf dem Lande zu wohnen. Die Betonbauten lassen der menschlichen Seele das Grün vermissen. Und so wie ein Kuhfladen die Maden anlockt, so lockt ein Ausflügler auch noch weitere -flügler um die wenigen Grünflächen einer Stadt zu übervölkern. Das reizt die Menschen dann, sich doch lieber zum Wochenende eine Parzelle im Gartenverein anzuschaffen, um dieses Lebensbedüfnis "Grün" zu stillen und noch etwas naturverbundener zu sein.

Stadtflucht

        Wochentags – Betonpaläste –
        Wochenends – des Landes Reste:
        Der Städter fliehet das Getürm –
        er krabbelt landwärts wie's Gewürm.

        Im Dschungelkrieg der Großstadtgier
        erkämpft er sich ein Auto-Tier
        und atmet Straßen-Wohlstands-Luft,
        die von den Autos ausgepufft.

(Kuh-) Wie der -fladen lockt die Maden,
(Aus-) lockt der -flügler andre Zügler.
        Wo einstmals noch Natur das Ziel,
        steh'n Hütten jetzt im Blockhausstil.

        Erträglich ist die Stadt ihm nur
        mit zehn Quadrat Parzellenkur.
        Er lacht zur Quader-Skyline hin,
        die ERDE gibt ihm Lebenssinn.

              * * *

Der Streber

Der Menschenwerte unbedacht,
den Weg nach oben er schon "macht".
Nach unten wird hart ausgekeilt,
Leviten werden ausgeteilt.
Beliebt sich machen ist bezweckt,
nach oben wird deshalb geleckt.
Mit grader Haltung - ungebeugt -
die Redlichkeit damit bezeugt,
und vom Glauben ist gefesselt,
bald im Cheffessitz er sesselt.

**Diese Art von dem Snobismus
nennt man auch noch Egoismus.**

* * *

Abschleifen

Fast jeder – von sich überzeugt –
versucht, solang er ungebeugt,
vom Mitmensch das Profil zu schleifen,
um damit ihn sich anzugleichen.

Der andre glaubt von sich dies auch,
verfällt so in den gleichen Brauch
und säbelt, hämmert und will schleifen
auf dass die andern IHM mehr gleichen.

Da jeder von uns dazu neigt,
so wäre es wohl angezeigt,
**dass alle endlich mal begreifen,
zuerst an SICH mehr rumzuschleifen.**

* * *

5 AUTOFAHRER

Fußvolk sieht die Autos flitzen
Fahrer am Volant dort sitzen –
ganz allein und unbelästigt,
jeder mit sich selbst beschäftigt.

Unbeachtet guter Sitten –
auch Besitzer großer Schlitten –
selbstvergessen, ungeschoren,
Autofahrer Nasebohren.
* * *

Der Eilige

Die Nacht war kurz, vom Schlaf verwöhnt,
im Diesseits jetzt der Wecker dröhnt.
Herr Jemand langt zum Störenfried
und weiter sich von inn' besieht. –

Mit einem mal wird ihm bewusst,
dass auf er hätte sein gemusst
und ärgerlich verkürzt jetzt nur
die morgendliche Prozedur.

Mit Brot im Hals – noch unzerkaut –
gehetzt sich hinters Steuer traut–
gibt Gas er bis zum Widerstand –
im Krankenhaus sich wieder fand.

**Nur in Ruhe fährt man prächtig
und in Eile unfallträchtig.**
* * *

Und nun gib Gas
(Busfahrschule)

"Moigen Jungs, schon einer dran? –
Na, denn man los. Ich lass ein fahr'n! *(den Fahrschüler)*
Erst den Blinker und nun gib Gas.
Man los! – Avanti! – Grün ist das!"

"Schon wieder macht er diesen Stoß.
Mensch, lass doch mal die Kupplung los!
Ihr müsst doch mal das Kuppeln lern'.
Und nun gib Gas! – Das hab' ich gern."

"Vorsicht – nimm mal den Blinker raus.
Da steigt wer aus dem Wagen aus.
Fahr lieber links – zur Sicherheit –
den Abstand rechts lass lieber breit."

"Du fährst schon wieder überm Strich!
fährst Du mehr rechts passiert das nich'.
Dabei solltest Du bedenken:
Niemals Busse eckig lenken!"

"Du sollst nicht immer hibb'lig sein,
sonst flöß ich Dir noch Baldrian ein. –
Und jetzt gib Gas! – Doch nicht zu schnell!
Wir haben keinen Zeit-Appell."

"Die nächste Ampel links abbiegen,
dass wir mal die Kurve kriegen. –
Sitz nicht so steif, mehr souverän –
fahr endlich rum – fang an zu dreh'n."

"Jetzt weg vom Gas und dreh was drin,
sonst kommen wir da nicht mehr hin.
Langsam, langsam – und jetzt ein Blick!
In beide Spiegel blick zurück!"

"Und aus! – und stopp! – Die Ampel rot! –
Der Radfahrer wär jetzt schon tot.
Kein Wunder, dass ihr Schande baut,
wenn ihr nicht in den Spiegel schaut."

"Bei jeder Kreuzung immer denk':
Der Kopf am Hals hat ein Gelenk!
Und dreh' ihn als Spirale 'rum,
nach Fahrradfahrern auch mal um!"

"Die Nummer Eins der Paragraphen
ist stets genug um zu bestrafen. –
Und gelb! – Und ab! – Und nun gib Gas!
Man los! – Avanti! – Grün ist das!"–

Hier wird uns endlich mal gelehrt,
was an den Autofahrern wert.
Und maßgeregelt wochenlang
macht uns ein Prüfer nicht mehr bang.

Tägliche Verhaltensregeln
werden das Verhalten regeln –
und sind wir erst auf Linienbus,
wird "Fahren" uns zum Hochgenus.

"Man los! – Avanti! – Grün ist das!"

* * *

6 ALKOHOL

Der Alkoholkonsum wird oft bagatellisiert, doch ist der zerstörerische Anteil an Menschen- wie auch Familienleben, sowie auf Alkohol zurückzuführende Planungs- und Sachschäden unsagbar hoch. Es verbleibt dem Einzelnen, dies zu erkennen und entsprechend zu handeln.

Beschaulich

Ha ! –
es streckt der Tropf sich wie ein Pfau. –
durchgespült von soviel Nässe,
gibt die Feuchtigkeit ihm Blässe,
sogar bis hier erscheint er blau.

Schwerelos scheint er zu schweben.
Allseits streckt er seine Glieder,
aufgelöst sinkt er dann nieder.
Nie war ihm so leicht im Leben.

Jetzt bäumt sich ihm die Mitte auf –
(sein Inneres nach außen kräuselt,
solange er ist angesäuselt) –
und nimmt zurück den gleichen Lauf.

Beschaulich dies Naturschauspiel. –
Ein Mensch verhält sich unter Hopfen,
wie auch hier ein Tintentropfen,
der aus Verseh'n ins Wasser fiel.
* * *

Der Säufer

Der Mensch sucht Halt – als Kind die Brust.
Zuerst noch völlig unbewusst,
erblickt er dort die – "Weltenrunde" –
und später auf des Glases Grunde.

Es sucht sich besser gar zu zweit,
der feste Punkt der Flüssigkeit.
So sucht er noch zu seinem Wohle
den Partner sich zum Alkohole.

Und mit bestaunenswerter List,
der Mensch sich nun an jenem misst,
der gleich wie er – im "Haltlos-Hoffen" –
fast täglich ist auf's neu besoffen.

Oh – sieh' doch ein – dies ruiniert,
was gottgegeben Dich erst ziert:
"Warum musst Du den Körper quälen,
statt Glück im Geiste Dir zu wählen"?

"So prüfe Gott! – Halt Sein Gebot!
Die Segnung, die Er allen bot,
kann nicht umhin auch Dir zu geben –
dann beginnt für Dich das Leben."

* * *

7 MENSCHENKENNTNIS

Ich frage mich immer – wie man nur ganz bestimmte, einseitige Ansichten vertreten kann. Es gibt doch mehr Seiten zu bedenken, bei allem, was einem so im Leben begegnet...

Minenspiel

In der Gesichter Zügen,
les' ich der Minen Spiel
und in der Gesten Lügen,
erspür' ich deren Ziel.

Der Geist im Fleisch geboren,
ergibt den Mensch noch nicht.
Zum Mensch wird erst erkoren,
ringt sich der Geist ans Licht.

**Das Schauspiel unsres Lebens
vollzieht sich innerlich,**
die Lügen sind vergebens,
Gott sieht sie sicherlich.

* * *

Im Laufe der Zeit bekommt man gewisse Menschenkenntnis
und es ist sehr erfreulich, die Menschen einschätzen zu können.

Menschenkenntnis

Oft im Leben ...
begegnet uns ein Mensch ganz neu,
ob zugeknöpft, ob heiter, scheu –
wie unsere Seele sich bewegt,
der erste Eindruck ist gelegt:

Am Kopf man den Charakter such,
da liegt er offen wie ein Buch.
In den Augen ist zu lesen,
wie bewusst ist dieses Wesen,
gewölbte, freie, glatte Stirn
verrät so manches off'ne Hirn.
Brauen – die zu streng gezogen –
haben manches Hirn verbogen.
Die Lippen künden viel vom Sinn,
den Wille seh' ich schon am Kinn.
Am Munde eines Menschen sieht
man welche Schlüsse er sich zieht
und in den Augenwinkeln Runzeln
ergeben sich vom vielen Schmunzeln.
Die Nase himmelwärts gespitzt,
zeigt Menschen an, die sind gewitzt.
Ausgedrückt wird in den Falten,
inn'rer Zwiespalt der Gewalten.
Beweglichkeit, Figur, Gestalt,
verleih'n der Hülle den Gehalt.

So liegt alles beieinander,
im Verhältnis zueinander
und man braucht es nur zu seh'n,
um einen Menschen zu versteh'n.

* * *

Gaaanz wichtig

O wie groß ist die Nichtigkeit der Menschenkinder!
Ja, sie sind sogar weniger als der Staub der Erde. [1]

Geboren ist ein Mensch ganz neu –
verhält sich in der Umwelt scheu
und nimmt sich selbst nicht allzu wichtig –
und das ist richtig!

So wird sein Geist ihm langsam hell. –
Nun lernt er von der Umwelt schnell
und wird auch bald schon in ihr wichtig. –
und das ist richtig – wichtig!

Dann kommt der Punkt, an dem er meint –
er andern NUR noch wichtig scheint
und hier nimmt jeder sich zu wichtig. –
und das ist richtig – wichtig – **NICHTIG!**

* * *

---

[1] Buch Mormon (Helaman 12:7) http://lds.org/scriptures

8 HUMOR

Mir sind so einige Gedanken durch den Kopf gegangen über was Humor eigentlich ist und bin zu der Feststellung gekommen: Es liegt kein Humor darin, sich über die Schwächen anderer lustig zu machen, sondern allein im Erkennen der eigenen Unzulänglichkeit. Und wenn wir erkannt haben wie fehlerhaft WIR selber sind, dann kann sich auch unser Herz öffnen und seine Sonne leuchten lassen.

Humor ist nämlich:

> **Verständnisvoll die Welt zu seh'n
> und selbstverständlich auch verstehn**
> und wer humorvoll sich belacht,
> grad' weil er kleine Fehler macht,
> dem öffnet sich die ganze Welt
> und staunend sieht er – sie erhellt.
>
> Sind nun die Wolken mal davor,
> hol' ich die Sonn' im Herzen vor.
> * * *

Rückblick

> Schwer kraxel ich den Berg hinauf
> und oben ich dann mal verschnauf,
> beim Rückblick seh' ich endlich ein,
> wie schön muss es da unten sein.
> * * *

Der gewitzte Bäcker
(nach einer wahren Begebenheit)

Ein Bäcker, der hier nicht sehr weit,
'nen Kuchen backt nach Jahreszeit.
Brummend komm' die Wespen suchen
herrlich frischen Pflaumenkuchen.

Vorm Laden steh'n die Leute an
und komm' nicht an den Kuchen 'ran.
Da ward der Bäcker ganz gewitzt
und schnell zu seinem Nachbarn flitzt:

Ein junges Fräulein – das hier wohnt –
den Staubsauger, den sie sehr schont,
dem Bäcker leiht und dieser geht
auf Wespenjagd mit dem Gerät.

Und freudestrahlend kommt zurück,
berichtend ihr von seinem Glück:
"Der Sauger hat erfüllt den Zweck,
die Wespen sind nun alle weg."

Die Zeit vergeht und es wird Nacht –
das Fräulein hat ihr Bett gemacht.
Nach soviel Arbeit müde nun,
geht sie ins Bett sich auszuruhen.

Doch in der Stille vom Gerät
ein leiser Summton jetzt entsteht.
Und "flipp" – da kommt die erste schon –
und hinterher ein Bataillon.

Eingefang'n beim Kuchenlaben,
als sie noch im Bäckerladen –
**nun befreit – auf's Neue suchen,
jetzt beim Fräulein Pflaumenkuchen.**
* * *

9 DIE WELT und DAS ALL

Im Anfang war der Wasserstoff

(nach dem Buch von Hoimar von Ditfurth)
Uns allen ist die Schöpfungsgeschichte bekannt. Auch hat sich die Wissenschaft inzwischen sehr viele Gedanken gemacht und ist zu der Feststellung gelangt, dass die Erde einmal entstanden sein muss. Des weiteren grübelt man darüber nach, wie das wohl geschehen sein könnte. Manchmal sagt man so, wenn man sich etwas herbei wünscht: "Es müsste einen Knall geben und das und das geschehen" – und dieses hat man jetzt als wissenschaftliche These zugrunde gelegt: Nämlich den "Urknall" – oder auch, um international verständlich zu bleiben – "Big Bang" genannt. Die Sterne haben sich dann durch Kontraktion der Materie gebildet und die Planeten wurden von diesen athletischen Kräften einfach zusammen gepappt. Das muss ein furchtbarer Druck gewesen sein, der da von außen auf die Erde einwirkte und so zusammengepresst kam der eingeschlossene Wasserstoff wieder heraus – und ward zu Wasser.
Man hat Versuche unternommen Leben zu schaffen, indem man diese damalige Ursuppe nachbildete und selbst erzeugte Blitze einschlagen ließ. Als Ergebnis fand man Einzeller. Vom Einzeller zum Menschen ist es zwar ein langer Weg, aber man hatte ja noch lange Zeit vor sich. Allerdings hat der Mensch schon heute bei seiner Bevölkerungsexplosion Schwierigkeiten alle Nachkommen auf der Erde unterzubringen.
Die Wissenschaft rechnet sehr exakt, muss aber immer eine These zugrunde legen. Sie sieht die Gründung der Menschheitsgeschichte bis etwa 3 Milliarden Jahre zurück – und da habe ich mir gesagt:
Nun gut – 3 Milliarden Jahre sind vergangen – noch eine vor –
Aber ich will jetzt nicht weiter vorgreifen und nur noch darum bitten zuzuhören, was ich hier in Gedichtform stellte:

Im Urknall – auch Big-bang genannt –
der Wasserstoff in'n Raum verschwand.
Bis weit hinaus in alle Ferne.
Durch Kontraktion entstanden Sterne.

Der atomarisch andre Teil
Karriere machte, denn dieweil
mit Kosmoskräften die Athleten,
verpappten ihn zu den Planeten.

Furchtbar war der Druck von außen,
Gase wollten noch nach draußen,
Vulkane wirkten als Turbinen.
Der Drehimpuls kam so von ihnen.

Draußen ward das Gas zu Wasser.
Meere wurden nass und nasser.
Noch brodelnd war der Urschlamm Suppe,
jetzt wartend, dass ein Blitz aufzucke.

Das Warten lohnte sich auch bald.
Bevor die Suppe wurde kalt,
die Blitze in den Schlamm reinkrachten
und Leben sie durchs Umrühr'n brachten.

Erst klein, dann größer und dann groß –
die Saurier für kurz man bloß –
das Tierreich, Menschen und die Pflanzen
bevölkern nun die Erd' im Ganzen.

Bevölkerungspolitisch war
fleißig beim Mensch Freund Adebar.
So kam dann noch zur Evolution
die Masse Mensch als Explosion.

Jahre dreie – in Milliarden –
lebten mehr, als jemals starben.
Gemeldet wird: "Kein Platz auf Erden!
Der Himmel muss bevölkert werden."

So schickt der Mensch sich an zu flieh'n,
wie einst Vulkane Dampf ausspien.
Was erst die Lava, jetzt sind Gelder,
die fließen auf die Forschungsfelder.

Milliarden drei – noch eine vor –
dann öffnet sich das Himmelstor
und alle seh'n den großen Meister,
umschwebt von uns, als Erdengeister.

* * *

Jahreswende

**In manchem ist ein Jahr ein Berg.
Ihn vor mir fühl ich mich als Zwerg**
und ist der Gipfel dann erreicht –
das alte Jahr dem neuen weicht.

Doch diesmal scheint der Gipfel fern,
ihn zu bezwingen muss ich lern'n.
Mit lernen geht das Jahr schnell rum,
sonst bin am Jahresend' ich dumm.

So ist das nächste Jahr dann bald,
am Jahresende wieder alt.
Und dieses Jahr – den letzten Rest
beschert uns DIES Silvesterfest.

* * *

Was ist Wasser für den Menschen? Es ist etwas ganz Besonderes. Es ist ein Lebenselixier. Man kann auf vieles im Leben verzichten – aber auf Wasser nicht. Seine Eigenschaften sind vielfältig. Ich habe mir viele Gedanken übers Wasser gemacht und bitte Sie, mir einmal zuzuhören:

Das Wasser

"Zu formen Adam, so ich nehm',
ein Kübel Wasser und viel Lehm
und bild ihn in Gestalt mir gleich,
"zu Leben" mach den Lehm ich weich."

So sprach im Anfang Gott das Wort
und setzt' sein Tagewerk dann fort.
Zurück ließ er vom großen Fass
das "Leben" spendend köstlich Nass.

Was lebend in des Wassers Schoß
ist schwebend in ihm schwerelos.
In Kälte es zu Eis gefriert
und alles in sich konserviert.

Nur in der Luft das Wasser steigt
bis es den höchsten Raum erreicht,
denn Wasser ist – fast wie die Zeit –
so dehnbar wie die Ewigkeit.

**Wo Wasser ist und Raum und Zeit,
pulsiert die Mannigfaltigkeit
des Lebens – dem das Wasser dien'–
von Gott ward' ihm die Kraft verlieh'n.**

* * *

Das euklidische Weltbild –
oder die fünf Dimensionen

Am Anfang war die Welt ein Punkt
und geometrisch, an von Stund,
als Gott ihn schubste – unbedacht –
die erste Linie er gemacht.

Dimensional dies "einzig" war.
Sofort war ihm die zweite klar:
Lustig er die Linie kickte,
die Fläche er danach erblickte.

Die dritte Dimension kam bald:
Gestemmte Fläche – mit Gewalt. –
Die vierte – da hat Gott gelacht –
als Rätsel hat er Zeit gemacht.

Wo hätt' der Mensch die Zeit wohl her,
wenn sie nicht gottgegeben wär?
Die Dimension bleibt – in der Tat –
von Gott gegeben separat.

In Liebe sich – trotz allem Spott –
entwickelt sich der Mensch zum Gott –
und übt sich nun in Emotion,
bewußter fünfter Dimension.

* * *

Das Weltbild

Abraham wurde das Weltall gezeigt und vieles hat er aufgeschrieben und seinen Nachkommen weitergegeben. Später wurde alles angezweifelt und der Mensch suchte sich seine eigene Lehre. Wir wissen selbst was dabei herauskam:

Columbus meinte noch die Erde sei eine Scheibe,
Kepler berechnete um 1600 elliptische Planetenbewegungen,
Kopernikus stellte fest, dass sich die Erde um die Sonne dreht und
Galilei wurde deswegen im Namen Gottes auf dem Scheiterhaufen verbrannt. Aber bevor er starb rief er noch:
"Und sie bewegt sich doch!"
Selbst heute ist das Weltbild immer noch ungewiss. Es gibt noch die verschiedensten Theorien:

1. Das Weltall sei rund. Alles ist gekrümmt – auch das Licht – und damit auch die Sicht – und wenn ich weit genug sehen könnte, würde ich mir selbst auf den Hosenboden schauen.

2. dass wir das Zentrum sind und alles um uns herum flieht unserem Zugriff. Das Weltall breitet sich aus und hinterlässt damit die Theorie von dem Urknall oder "Big-Bang" ,

3. die Astronomie ist sehr damit beschäftigt alles mathematisch zu erfassen, die Theologie aber hat immer wieder etwas gegen diese Theorien einzuwenden,

4. jetzt aber ist wieder eine neue Theorie aufgestellt worden, der selbst die Theologie geneigt ist zuzustimmen.
Weshalb – das werden wir gleich hören:

Sehr weise die Theologie
sich besieht die Astronomie
und schüttelt lächelnd dann ihr Haupt –
sie braucht nicht wissen – denn sie glaubt.

Dem Weltbild in der Wissenschaft
fehlt heut' noch Überzeugungskraft.
Selbst Albert Einstein als Genie
verstand die Welt im Ganzen nie.

Grad hörte ich wie – bewaffnet
mit Teleskop – das All betrachtet,
ein Astronom sah in der Ferne
sein' Hosenboden zwischen Sterne.

Und damit glaubt er nun von Stund,
dass dies Beweis das All sei rund. –
Ein and'rer schaute durch das Rohr
und sah dahinten eine Uhr.

Auf jenem Stern die Zeit blieb steh'n,
er wollte hin sie aufzuzieh'n.
Doch kam er näher, sie nicht stand
das "Zeitlos-Land" schwand an den Rand.

Ein Dritter – der mathematisch,
wurzelziehend und quadratisch –
sieht wie (in seinem Geist bestimmt) –
der Himmel Sattelform annimmt.

Umjubelt ist der Astronom
von Geistlichkeit, die theonom.
Dies Weltbild stimmt nun beide heiter:
"In Frage kommt nur Gott, als Reiter!"

* * *

Der Zeitablauf

In vierundzwanzig Erdenstund'
dreht sich die Erd' ums Achsenrund.
Doch sagt mir, wie ist's möglich nur,
gleich zwei Mal dreht sich da die Uhr. (?)

Beim Überlegen fällt mir auf,
dass dies genannt der Erde Lauf –
so mit der Erde läuft die Zeit
und jede Uhr ist doppelt weit. –

Im Mittelalter – kurz davor –
zerbrach sich mal ein Professor
den klugen Kopf an dem Problem:
Woher im Alter Zeit man nähm'.

Bald sang für ihn der Himmelschor –
er starb zu früh, die Uhr ging vor.
Heut' wüßt' ich einen Rat dafür,
ab morgen ich ihn selbst ausführ':

Ich stopp die Uhr – im schnellen Lauf
heb' ich der Erde Drehzahl auf
und werde ihr entgegen geh'n,
dann bleibt für mich die Zeit auch steh'n.

* * *

Von je her war mir die Zeit ein Rätsel. Meine Betrachtungen dazu schlugen sich in folgenden Zeilen nieder.

Die Zeit

Gott schuf die Welt und alles Weit'
im Überfluss schuf er die Zeit.
nur wenig' Menschen ha'm erkannt,
was Gott hier ihnen abverlangt.
Listig stehlen sie das Eine,
festzustell'n sie haben heine,
denn nachgejagt, ihr hinterher,
verliert man sie nur mehr und mehr.

Die Zeit ist fassbar nur in sich,
drum such sie dir nur innerlich

Paradiesische Zeit

Durch Gottes Allmacht einst entstand
Das Weltenall und Erdenland,
das friedlich durch den Äther schwebt
von seinen Kindern wird belebt.

Noch heimatlos – von Ungefähr –
kam da die Zeit der Erde näh'r
und fragt bei ihr um Einlass an,
ob sie auf ihr wohl wohnen kann.

Als Gott ihr dann den Himmel pries,
da folgt' sie ihm ins Paradies. –
Auf Erden müsst' sie immer geh'n,
im Himmel dafür – blieb sie steh'n.

Wir erleben gerade die bewegend'ste Jahrtausendwende der Erdgeschichte. Und wir dürfen uns glücklich schätzen – für Wert befunden zu werden daran teilzunehmen, mitzuhelfen das Reich Gottes aufzubauen die menschlichen Herzen von Eigennutz, Neid und Hader im Sinne des Evangeliums zu verändern. Ein jeder auf seinem Platz in diesem Leben. Es gibt viele Geister auf Erden, die die geistige Wende spüren und es auch schaffen – doch für viele wird es das Ende sein:

Die letzte Jahrtausendwende

Des Menschen Gebärden ist tierisch zu nennen,
zum Jagen erzogen, nach Futter zu rennen,
es fehlt noch an Reife – den meisten der Masse –
nach höherer Ethik schreit heut' schon die Klasse:

"Besteht dies Jahrtausend, bezähmt eure Triebe,
fürs dritte Jahrtausend, für selbstlose Liebe .
Erfreut Euch des Neuen, es kommt jetzt die Wende,
für die, die es schaffen – für viele als Ende."

* * *

Biblisch leben wir in der letzten Zeit — der Zeit des Millenniums. Unsere Erde durchläuft in unserer Galaxie so einige Zyklen. — Seit 21. Dez. 2012 wurde gerade ein 26.000 Jahre-Zyklus durchlaufen, der der Menschheit viele Veränderungen bringen wird, die bereits anlaufen. Ich nenne das was uns viel Neues und Freude bringen wird:

„Kosmischer Frühling"

Beschlossen ward im Rat der Götter,
den Mensch auf Erden zu gestalten.
Der Götter Saat empfing in Liebe,
dass Adam hier auf Erden bliebe,
den freien Willen zu entfalten.

Doch aus der Höhe kam bald der Ruf
das Sinnen der Menschen zu tadeln:
„Reinigt die Erde durch Noah's Flut,
zu retten Jehova's Geistesgut —
die Herzen der Menschen zu adeln."

Vieltausendjährig die Menschheit rang —
den Mensch zum Menschen einst zu machen.
Zum Höh'ren in des Weltalls Spähren,
läßt Gottes Liebe sie gebären
als Kinder Gottes zu erwachen.

Dualität geht auf in Einheit —
in Gottes Licht - in alle Ferne!
Der Erde Völker die geladen,
in Liebe sich nun alle baden —
Erstrahlen wird der Stern der Sterne —

Das Wetter

Täglich fällt vom Himmel Regen
zu des Wachstums Wohl und Segen.
Zu des Menschen größter Wonne
scheint ihm danach wieder Sonne.

Des Wetters Zwiespalt ist extrem,
die Sonne wettert angenehm,
des Regens nasse Feuchtigkeit
vermählt sich mit der Trockenheit.

Doch alles was dazwischen liegt
macht sich dem Menschen unbeliebt
und Stimmungsbarometerretter
ist oftmals nur noch "Sonnenwetter"

10 MUSIK

In der Tonwidergabe hat sich vieles getan. Wir hören heute saubere und wunderbar klare Töne aus Instrumenten und allen Medien. Sie rühren den Resonanzboden unseres Gemüts, unsere Herzen werden leicht und wir sind in der Lage in anderen Sphären zu schweben. Ich habe versucht einem Ton zu folgen und ihn zu beschreiben.

Der Ton ...
kommt auf leisen Sohlen auf die Bühne – und ...

der Ton erreicht – vernehmbar kaum –
fast fragend unsern Seelenraum,
und schwingt – gemäß der Resonanz –
uns klingend in des Himmels Glanz.

Apart – verspielt – und wie beschwingt,
der Ton in kurzen Sätzen springt –
er spielt allein den Akrobat
und rührt in Stimmung jeden zart –

bis – lächelnd – das Orchester winkt.
Von andren Tönen jetzt umringt,
spielt er die Possen ganz famos,
nun tonangebend – "Gernegroß".

Der Vielzahl Töne übernimmt –
begleitend erst – dann überstimmt –
volltönend das Crescendo gellt,
in Übermut den Raum erhellt. –

Abrupt – erfährt der Klang den Schnitt –
(die Leere füllt den Raum jetzt mit) –
ganz leis' ist es im Seelenhaus,
beglückt – beschließt – der Ton – das Aus.

Das Crescendo – Der Schlussakkord

Verloren geht ein Ton allein –
die Unterstützung kommt zu zwein –
zu dritt ertönt der Ton charmant –
der vierte akkordiert riskant –
der fünfte, sechste erst erreicht –
was uns von innen her ergreift –
der siebte, achte, neun und zehn,
von uns der Seele Raum erfleh'n. –
Geballt als ein Akkord im Aus,
erfordert Stille den Applaus.

* * *

Ein Hohlraum ist die Seele
es klingt ein Lachen drin,
aus unbeschwerter Kehle,
es klingt so froh darin.

* * *

11 DER GLAUBE

Recht und Freiheit sind Werte, die in der Welt erst langsam Fuß fassen. Werte, die sich die Menschheit erarbeitet. Jeder Einzelne ist davon betroffen, sich innerlich von der Materie zu lösen. Was bleibt ist Gottesfurcht und Liebe.

Mein Glaube an Gerechtigkeit

Ich harre aus – auch bis zuletzt –
am Platz, an den mich Gott gesetzt.
Dann wird mir auch Gerechtigkeit.

Und wenn der Herr mir alles nimmt,
so doch nicht, was mich fröhlich stimmt:
Den Glauben an Gerechtigkeit.

Ich vernahm des Herren Kunde
bis in meines Herzens Grunde:
"Auch Hiob ward Gerechtigkeit!"

"Was ich besitz, hab ich von Dir,
nun, Herr, forder' Du von mir,
denn DU, Herr – BIST – Gerechtigkeit.

* * *

Der Glaube

Das arme Volk baut Gott ein Heim –
aufwendig prachtvoll muss es sein.
Dann hat man ihn hineingezerrt,
als Wacht 'nen Pfarrer eingesperrt.

Nun fast alle pilgern täglich
zu dem Gotteshause kläglich.
Da ward das Volk es dann gewohnt,
dass Gott im Gotteshause thront.

Jahrhunderte man ganz vergaß,
dass überall Gott Kraft besaß,
da ward der Kirchgang schon zur Pflicht.
So – geh zur Kirche lieber nicht.

* * *

Empfindung

Mein Herz ist voll, es läuft schon über.
Der Liebe Sehnen Traurigkeit,
ergießt sich in die Menschlichkeit
und andere – die latschen drüber.

O Gott, was muss Empfindung büßen! –
Und andere – die keine haben –
sich an dem Schmerz der ersten laben
und treten sie dann noch mit Füßen.

Das offenbart des Menschen Grenzen,
an denen er sich ständig stößt
und jedem so sein Selbst entblößt,
das nur "Empfindung" kann ergänzen.

* * *

Die Prüfung

Die Bibel lehrt uns WAS Gott sprach,
als Menschen es an Gott gebrach –
so hat der Mensch – was Gott betrifft –
geschrieben sich die "Heil'ge Schrift".

Doch schwand der Sinn im Zeitenfraß,
worauf der Mensch den Geist vergaß,
deutelt nun am Satzgefüge,
tut nur noch dem Satz genüge.

Man sagt, Gott schuf den Mensch mit Hirn,
doch SOOO – besaß der Mensch die Stirn,
im Gegensatz zum Allerhöchsten,
hielt Er sich für den Allergrößten.

So glaubt der Mensch sich groß in Form,
bis Gott ihn prüft' – in Seinem Zorn:
Läuternd ward der Mann gepeinigt
und die Frau von Ihm gereinigt!

Erfahrung hat den Mensch belehrt,
bis er sich auch zu Gott bekehrt.
Hat ER sich ihm erst offenbart,
dann wird der Mann ein Mensch der Tat.

* * *

Du Adam sollst auf Erden,
im Schweiße satt nur werden,
und Eva will ich mehren,
die Mühsal zu gebären.

* * *

Das Leben

"Du, Adam, sollst auf Erden,
im Schweiße satt nur werden."
Sprach Gott und sandte ihn zur Erd',
dass er durch Arbeit glücklich werd'.

Hier müht er sich nun mit dem Pflug,
wälzt' um die Erde bis sie trug
und erntet was ihm Gott beschert.
Die Arbeit ihn jedoch belehrt:

Die wahre Frucht – die uns gegeben –
durch alle Arbeit ist: DAS LEBEN! –
Wir preisen Gottes Herrlichkeit
und loben ihn in Ewigkeit.

* * *

Gott lenkt
Vom Geist kontrolliert lenkt Gott uns vom Herzen,
der Mensch lenkt das Herz vom Geiste in Schmerzen,
er WILL glücklich sein, will göttliches FASSEN,
doch Glück offenbart sich im göttlichen LASSEN.

* * *

Adam stammt aus Gottes Sippe,
deshalb nahm Gott Adams Rippe,
er formte sie zu Evas Leib
und gab sie ihm zurück als Weib.

* * *

Ob Muselmann, ob Jud' ob Christ,
zunächst ein jeder Mensch mal ist,
erst dann - wie könnt es anders sein,
fängt der Glaube Menschen ein.

* * *

Kein Freifahrtsschein ins Himmelreich

Der Leib regiert des Menschen Willen. –
Kaum einer kann mit Willen stillen
was in den Knochen programmiert. –
So wird er himmlisch umtendiert.

Doch nun beginnt – gleich nach dem Taufen –
das Überwindungs-Haareraufen,
denn Satan war nicht weit entfernt,
als von der Kirche er gelernt.

So hat er seelisch sich geschunden,
bevor er recht zu Gott gefunden
und knabbert an den Lastern rum,
als hielt der Satan ihn für dumm.

Er kämpfte – da die Zeit verronnen –
er glaubte – dass er schon gewonnen –
und DIES war Satans Bubenstück –
gab alle Laster ihm zurück! –

"Ihr lebt – wie's Eure Kraft verdient –
was sie erkämpft – dem Mensch geziemt. –
Die Taufe ist nicht auch sogleich
ein Freifahrtschein ins Himmelreich!"

* * *

Als ich am 21. September 1974 das erste Mal in die Gemeinde der "Kirche Jesu Christi der Heiligen der letzten Tage" kam, hatte ich folgende Verse bei mir, da ich sie gerade unterwegs geschrieben hatte.

Die Frucht des Lebens

Aufbrüllend schreit des Leibes Gier –
es windet sich in Fleisches Qual
und leidet durch des Geistes Wahl,
wo dessen Kraft bezähmt das Tier –
das Leben.

In Agonie die Zeit verrinnt. –
Verhalten ist der Liebe Glut,
zum Höh'ren strebt des Geistes Mut,
vertrauensvoll darauf beginnt
das Leben.

Bei meiner Ankunft im Gemeindehaus hatte ich das Gefühl, nach sehr langer Zeit endlich wieder nach Hause gekommen zu sein.

Die folgenden Zeilen über die Vibration der Materie haben mir Kopfzerbrechen bereitet. Sie kamen recht unvermittelt doch absolut und stetig über den Geist. Ich schrieb sie auf, konnte aber nicht all zu viel damit anfangen. So dachte ich darüber nach und kam zu Ergebnissen. Heute weiß ich, wie wahr diese Zeilen sind und empfehle Verständnis darin zu suchen. Immerhin steigt oder fällt die Lebensfrequenz mit dem, wo der Mensch sich mit auseinandersetzt.

Lebens – Qualität

Des Lebens Qualität vibriert
im Fluss der Zeit, hoch frequentiert.
Alter ist des Körpers Spannung,
ausgedrückt in Lebensstrahlung.

Durch Steigerung der Vibration
kommt Leben zur Dilatation.
Beherrschung gibt Intensität,
Beherrschung IST die Qualität.

* * *

Ich hatte einige grundlegende Änderungen in meinem Leben durchzuführen und jedes Mal gingen die Betrachtungen bis auf den Urgrund des erhaltenen Zeugnisses zurück und halfen bei den Entscheidungen.

Demut

Noch lebe ich! Noch hab' ich Kraft!
Hab' alles ich bis jetzt geschafft,
so werd' auch dies ich übersteh'n
und jetzt erst recht so weitergeh'n
- - - - - doch bin ich FAST am Ende!

Ach was! – hier wird nicht lang geklagt!
Das wär' nur Grund, dass man versagt.
Es liegt mir nicht, mich auszuruhn. –
Nur – aus mir selbst kann ich nichts tun
- - - - - hier BIN ich fast am Ende!

Herr – Gott – es wäre doch gelacht! –
Mein Gott, Du hast die Welt gemacht!
Dich – Vater – will ich bezeugen! –
Soll vor Menschen ich mich beugen?
- - - - - Ist DIES für mich das Ende?

Zerbrochen ist der Wille Stahl.
Es bleibt mir keine andre Wahl
"Ich beuge meine Knie nur Dir –
Dein Wille nun geschehe mir.
- - - - -Ein ANFANG folg' dem Ende!"

* * *

12 LIEBE

Was ist Liebe – wenn nicht Hoffnung
vom Anderen erkannt zu werden.
Vorm and'ren Wesen hohe Achtung,
in Offenheit nichts zu verbergen.

Dem reinen Denken frei vertraue,
das Niedere in Dir besiege
und auf den göttlich Funken baue,
was Dir erscheint dann ist: DIE LIEBE.
* * *

Das Rätsel

Das Streben des Geistes nach außen gerichtet,
so fühlt sich der Mann zum Forschen verpflichtet
und stellt sich die Frau ihm als Fragezeichen,
so ist's ihm nicht möglich ihr auszuweichen.
Da hilft ihm nicht viel die Klugheit des Mannes,
ihm bleibt sie ein Rätsel – doch sie rät fast alles.
* * *

Fragend sind Augen offen –
himmlisch im Blau und klar –
zeigend des Innern Hoffen,
die Seele liegt offen dar.
* * *

Gedanken

Sprudelnd am Tage bewegt sich das Leben,
die Klarheit verliert sich, die Nacht bricht herein.
Verstand ward dem Menschen zum Denken gegeben,
im Dunkel ist jeder im Denken allein.

Die Bilder des Geistes gewinnen an Macht,
die Länge der Nacht wird kämpfend durchwacht.

* * *

Das Denken, Handeln und Erleben
erhält der Mensch von Gott gegeben
und wo Entscheidung uns geblieben,
entscheiden wir uns für das Lieben.

* * *

In Deinen Augen steht geschrieben,
dass Deine Augen meine lieben.

* * *

Es achte das Weib, wenn es sich bemannt,
mit Achtung der Mann sie geistig umspannt.
Den Mann hält die Liebe des Weibes gebunden,
so beide sind glücklich in Liebe verbunden.

* * *

Und wo sich Hände liebend regen,
empfangen sie des Herren Segen.

* * *

Tun und Lassen

Gemäß Erfahrung Menschen lern',
worauf sie bös' und was sie gern
und was sie einstmals heiß geliebt,
Erfahrung macht oft unbeliebt.

In geplatzten Ehepannen,
jeder geht von hinnen – dannen,
meint: "Es geht auch so – alleine."
Stellt sich auf die eig'nen Beine.

Doch nun beginnt – da vorher zwei –
jetzt nennt man Spiegelfechterei,
die Einsamkeit ist's, die betrübt,
kaum einer, der sich selbst genügt.

Diese kleine Schmerzensspritze,
auf des Menschen Nervenspitze,
transformiert den Stolz erst runter,
Demut rauf und Hochmut unter.

Bis so ein Neutrum – exponiert –
ein andres Neutrum explodiert.
Geschmolzen werden beide Eins,
in Ewigkeit des "Ehe-Seins".

* * *

Erst harte Arbeit bringt den Wert
des Goldes, das von uns begehrt.
Auch ist es Arbeit zu polieren,
der Liebe Glanz nicht zu verlieren.

* * *

Neutralität

... *denn*
"Geschehen" ist an sich neutral –
drum ist ein Standpunkt auch egal,
ob rechts, ob links – er bleibt entfernt –
bis er die Mitte kennen lernt.

Erst dann – befreit – stellt er noch fest,
ob rechts, ob links, ein Standpunkt lässt
von hier aus sich – genau beseh'n –
von ganz alleine gut versteh'n.

* * *

Polterabend

'ne Menschin und ein Mensch nun sind
erwachsen jetzt und nicht mehr Kind.
Geseh'n, verliebt und auch probiert,
jetzt nur noch Angst um: "Wer verliert?"

Geliebt, genossen und verstanden,
die Jahre Euch zu schnell verschwanden
und wenn Euch Selbstzucht noch gelingt,
Euch auch die Zukunft Glück noch bringt.

Das Sinnbild: Vor der Ehe Bruch –
schlägt in der Ehe nicht zu Buch.
In Eurer Ehe – wie auch hier –
da lasst die Scherben vor der Tür

* * *

Der Bund der Ehe

Gelobt sei doch die Freierei! –
In Anbetracht der Feierei
sind diese beiden sich begegnet.
Verlobt war'n sie vom Herrn gesegnet.

Verlobung jedoch separiert,
deshalb wird heute zelebriert:
Auf ewig in des andern Nähe,
kommt jeder durch den Bund der Ehe.

Der Schöpfung Krone ist der Mann!
Zur Krone wird das Weib dem Mann
im Dienen – (ihres Lebens Streben) –
und wird dem Herren Leben geben.

Und wie die Liebe keimt in ihr,
erhält sie Seine Kraft dafür,
dass Evas Name: "Leben" – bliebe,
pulsiert in ihr des Herren Liebe.

So sei – was sich in ihnen regt –
das Licht der Liebe – treu umpflegt.
Ein jeder trage des ander'n Licht
bis hin zu des Herren Angesicht.

*(Damit der Name Eva (Leben) in Eva bestehen bliebe,
pulsiert in ihr die Kraft des Herrn zum Wachstum neuen Lebens.)*

* * *

Dem Brautpaar

Gott schuf die Welt und alles Weit',
die Frau schuf er dem Mann zum Weib.
So ward das Weib dem Mann beschert,
doch möchte sie's gern umgekehrt.

Dies weibliche Paradoxon
bekam sie in der Wiege schon.
Dort gab man ihr das Heim als Reich,
hier nimmt sie auch die Zügel gleich.

So wird dann wohlig ihr bewusst,
dass ohne SIE – ER "Halb" sein muss –
und ihm ist wiederum bekannt,
dass ohne IHN – SIE unbemannt.

So ist an beidem etwas echt,
doch keiner gibt dem andern Recht.
Sie als Dame kommt ihm dämlich,
er als Herr kommt ihr dann ähnlich.

Und hier beginnt die Eva bald
dem Adam zu gebieten: "Halt!"
und zieht die Zügel straffer an,
auf dass sie wieder lenken kann.

"Das Zieh'n und Lenken lasst man sein.
Lenkt lieber vor 'nem Streit mal ein,
denn wer die Freiheit wem verwehrt,
des Ehe ist bald umgekehrt.

Will jeder von Euch glücklich sein,
dann solltet ihr Euch ständig frei'n,
denn nur wer GEBEN will das Glück,
bekommt's vom anderen zurück."

* * *

Hochzeit

Gewünscht wird beiden nur das "Beste"!
Und jedes Jahr zu diesem Feste
sei überdacht, was hier gesagt,
bevor sich einer mal beklagt:

Sich bis in Ewigkeit entrücken,
familiär sich fleißig schmücken,
einander sich das Leben geben,
heißt anderen zu geben Leben.
Das Ziel des Paares: Sich beglücken,
soll lebenslang sie nun entzücken.
"Wollt ihr einander Euch nun geben?"
"Gesegnet soll das Brautpaar leben!"

* * *

Das fehlende Stück

Zu formen Adam Gott einst nahm
den schönsten Lehm und besten Kram
und strengte sich gewaltig an
und hängt' zum Schluss ein Stück noch dran.

Für Eva blieb genug nicht nach,
als er vom besten Lehm abbrach
und fertig, ließ er dann – O Schreck –
am Ende noch ein Stückchen weg.

Wenn Eva Adam jetzt verführt,
dann nimmt sie sich, was ihr gebührt. –
Nun teilen beide sich das Stück,
was Eva fehlt zu ihrem Glück.

* * *

13 DER HERR HAT ISRAEL ERLÖST

Der Herr hat Israel erlöst[1].
Nach Wahl Seiner Gnade,
vollbracht durch den Glauben
im Bündnis der Väter erlöst.

Der Herr hat Sein Volk vereinigt,
aus der Höhe nieder,
aus der Tiefe herauf,
hinfort von Satan gereinigt.

Die Erd' gebar ihre Stärke,
mit Wahrheit erfüllet
und himmlisch bekleidet,
denn Gott steht auf seinem Werke.

Aller Preis sei Gottes Namen:
Ehre, Macht und Stärke,
Gnade, Wahrheit, Friede,
allen uns in Gott nun – amen.

* * *

---

[1] Lehre und Bündnisse (84:99-102) http://lds.org/scriptures

O Herr, Dein Werk ist Segen...
und alle Hände regen
sich für Dein Werk in Ewigkeit.
In Jesu Christi Namen –
   amen.
   * * *

So sage ich nochmal zum Gruß,
ein letztes Mal "Adieu" zum Schluss.

oder wie der Hamburger sagt: "Tschüss!"
  * * *

14 MEINE DANKSAGUNG

gilt meiner Frau und unseren Kindern, da sie viel entbehren mussten, weil meine Versuche – aller Mehrarbeit zum Trotz meine Aufgaben zu erfüllen – recht mangelhaft waren. Allen sei Dank für das entgegengebrachte Verständnis und die darin erkennbare Liebe.

> Liebe ist mit Verständnis gleich –
> zusetzen mit der Seele Reich,
> dem Innern und seiner Fülle,
> der ausgefüllten Stille.

Besonderen Dank möchte ich meinen Freunden Klaus Glöyer, Holger Bahlhorn und Dieter Hofmann aussprechen sowie meinem Schwiegersohn Christian. Ihre Befähigung mir Rat zu erteilen für die Gestaltung, Lesbarkeit sowie ihre praktische Hilfe zu diesem Werk, macht mich im tiefsten Herzen dankbar.

Und "last but not least" – möchte ich meinen Dank aussprechen allen unsichtbaren, doch mir spürbaren Geistern, die mir mental halfen die Worte zu Papier zu bringen.

Dies Buch ist ein Beweis für eine geistige Seite des Lebens, die in der heutigen intellektuellen Welt mehr Anerkennung finden sollte, als es bisher der Fall war. Der Mensch lebt nicht von Brot allein, sondern von einem jeglichen Wort das aus dem Munde Gottes kommt. Er segne uns, dieses zu verstehen, uns danach in der jetzt direkt vor uns liegenden "Zeit der Herrlichkeit" auszurichten.

Dieter Picklapp